Die Elch-Verschwörung

Eine nicht ganz ernst gemeinte Beleuchtung des Elch-nicht-sehen-Phänomen in Schweden.

Bibliografische Information der Deutschen Nationalbibliothek:

Die Deutsche Nationalbibliothek verzeichnet diese Publikation

an der Deutschen Nationalbibliografie, detaillierte bibliografische

Daten sind im Internet über dnb.d-nb.de abrufbar.

TWENTYSIX – der Self-Publishing-Verlag
Eine Kooperation zwischen der Verlagsgruppe Random House und BoD – Books on Demand

© 2020 S. M. Groth

Herstellung und Verlag:
BoD – Books on Demand, Norderstedt

ISBN 9783740769420

Inhaltsverzeichnis

1. Einleitung
2. Der allgemeine positive Vorteil
3. Merchandising
4. Elchpark/Zoo
5. Elchsafari
6. Elchfleisch/Elchjagd
7. Geweihe/Loppis
8. Tourismus
9. „Ich habe einen Elch gesehen!"
10. Die größte Lüge
11. abschließende Gedanken

1. Einleitung

Zunächst einmal möchte ich klarstellen, dass dieses Buch keinerlei Kritik an dem Land Schweden oder deren Bevölkerung sein soll. Im Gegenteil: Schweden ist ein traumhaftes Land mit sehr netten und hilfsbereiten Bewohnern. Für alle, die bereits in Schweden waren, ist dies nichts Neues. Für alle, die noch nie in Schweden waren: Hinfahren. Schweden ist immer eine Reise wert. Am Besten erkundet man Schweden mit dem Auto, dem Motorrad oder - für ganz sportliche Menschen – mit dem Fahrrad.

Schweden bietet für jeden etwas und die schönsten Orte findet man nicht an den typischen Touri-Hochburgen, sondern versteckt mitten im Land.

Während meiner zahlreichen Aufenthalte in Schweden hielt ich stetig meine Augen weit auf, um die Berühmtheit dieses Landes zu sehen:

Einen Elch. Doch egal, welche der Zahlreichen Tipps aus dem Internet ich auch verfolgte, es war nicht möglich, einen Elch zu sehen. Ob ich nun abends auf entlegenen Waldwegen spazieren ging oder mir ganze Nächte auf dem Halle- und Hunneberg um die Ohren geschlagen habe, es war einfach kein Elch für mich zu sehen. Da dämmerte es mir….

Haben Sie sich auch schon oft gefragt, warum Sie nie einen Elch sehen in Schweden, obwohl diese doch für so viel Verkehrsunfälle verantwortlich sein sollen. Dieses Buch beleuchtet das Phänomen, keinen Elch zu sehen oder wie es eine schwedische Freundin ausdrückte: „The German Moose Frustration" (die deutsche Elchfrustration).

Es handelt sich bei dieser Angelegenheit um eine groß angelegte Verschwörung.

Die Motive der Verschwörung sind die gleichen Motive, wie bei jeder Verschwörung: Geld und Macht. Nun gut, ich muss zugeben bei dieser Verschwörung ist ein positiver Nebeneffekt, dass sicherlich viele Menschen gerettet werden. Das glauben Sie nicht? Sie werden es sehen bzw. lesen.

Doch zunächst einmal, was genau bedeutet die Elch-Verschwörung? Es bedeutet, dass es keine freilaufenden Elche in Schweden gibt und Sie diese daher gar nicht sehen können. Ich höre schon, die zahlreichen Einwände. Auf diese gehe ich im Folgenden ein und Sie werden am Ende sehen, es ergibt Sinn.

An dieser Stelle bereits mein großes Lob an denjenigen, der es geschafft hat, dass „Vorsicht Elch"-Schild derart zu vermarkten, dass es von vielen Menschen begehrt wird. Es gibt unzählige Verkehrsschilder, sicher auch seltenere Schilder als jene mit dem Elch. Aber es gibt keine

Schildersammelwut auf Schilder mit Rehen, Wildschweinen oder Rentieren. Gerne würde ich wissen, wie es jemandem gelungen ist, eine derartige Beliebtheit eines Verkehrsschildes zu erreichen. Die Menschen dazu zu bringen, unbedingt Dinge besitzen zu wollen, die mit dem Schild versehen sind. Chapeou!

2. Der allgemeine positive Vorteil

Zuerst zu den beiden positiven Nebeneffekten für die Menschen, die an den Mythos eines freilaufenden Elchs glauben. Die Hintermänner (und Hinterfrauen, wenn Sie so wollen) haben an allen Straßen, die sie als gefährlich erachten einfach ein „Achtung Elchwechsel"-Schild aufgestellt und siehe da, die Menschen fahren langsamer, wenn auch nicht zwangsläufig die oft empfohlene Geschwindigkeit. Aber vorsichtig ist schon mal ein guter Anfang. Wer schon einmal in Schweden war und auch viele andere kennen die berühmten Schilder: Ein gelbes Dreieck mit rotem Rand und in der Mitte ein schwarzer Elch. Falls Sie es nicht kennen, gehen Sie kurz zu einer Suchmaschine im Internet oder zu Ikea.

Aber warum tun die Menschen das? Genau, bei der großangelegten

Verschwörung hat man den Menschen vorher und immer wieder mitgeteilt, wie viele Menschen durch Unfälle mit Elchen sterben. Immer wieder wird propagiert, dass ein Elch viel gefährlicher ist als ein ganz stinknormaler Hirsch. Dies liegt an seiner besonderen Körperform. Er hat sehr lange dünne Beine, einen massigen Körper und ein riesiges Geweih. Das führt bei einem Aufprall dazu, dass die Beine des armen Tieres brechen, der Körper auf der Motorhaube landet und das Geweih durch die Frontscheibe rutscht. Klingt nicht nur gefährlich, ist es auch, wenn es denn einen Elch gibt.

Der zweite Vorteil liegt auf der Hand: Die Menschen gehen wieder in die Natur. Sie sind auf der Suche nach Elchen, Geweihen oder sonstigen Spuren. Schweden hat so viele Naturschutzgebiete, Nationalparks und Wälder, dass jeder die Chance hat, unbeschadet in den Wäldern nach Elchen zu suchen. Diese

Chance nutzen viele Menschen und sorgen so für viele positive Effekte für ihren Körper: frische Luft, Abstand von der Hektik des Alltags, Natur erleben etc.

3. Merchandising

Dieses Schild hat nicht nur den Effekt, dass die Menschen vorsichtiger Autofahren, sondern auch, dass man damit einen großen Reibach machen kann, da der Elch an sich einen knuffigen Eindruck macht, ihn sieht eben auch niemand. Der Mythos um den Elch wird also mit jedem Mal, dass er nicht gesehen wird, größer. Wie beim Yeti oder Nessi. Nun ist es aber so, dass viele Menschen den Elch toll finden (obwohl sie ihn nie gesehen haben) und das Schild Kult-Faktor erlangt hat. Um den Diebstahl der als wichtig erachteten Schilder zu verhindern, kam das Land Schweden auf die kluge Idee, diese Schilder herzustellen und zu verkaufen. Die Herstellung wurde einfach den Insassen der Gefängnisse aufgedrückt.

Drei Fliegen mit einer Klappe so zusagen:

1. Die Schilder werden nicht mehr so häufig gestohlen.
2. Die Insassen der Gefängnisse sind sinnvoll beschäftigt.
3. Es kommt viel Geld in die Staatskassen.

Doch Geld verdient man nicht nur mit den Schildern per se, hieraus lässt sich auch allerhand weiteres Merchandising kreieren: Becher, Kissen, Bettwäsche, Bier …. Gewusst wie, würde ich sagen.

4. Elchpark/Zoo

Der eine oder andere wird schon zu Beginn dieses Buches gesagt haben: Ich habe aber einen Elch im Zoo oder in einem Elchpark gesehen. Ja, das habe ich auch. Ein wichtiger Punkt in der Verschwörung. Wer würde schon glauben, dass es ein Tier gibt, das man an sich im Wald sehen kann, wenn es in keinem Tierpark zu sehen ist. Doch wird in solchen Parks nicht erzählt, woher man diese Tiere hat. Ob man diese selbst gezüchtet hat oder ob man während der Rodungen in den Wäldern alle Elche eingesperrt hat. Oder ob es überhaupt je freilaufende Elche in Schweden gegeben hat. Keine dieser Antworten gibt ein Elchpark oder ein Zoo und selbst wenn, wird diese Antwort der Wahrheit entsprechen. Verdienen die Parkbetreiber nicht gerade am Mythos um den Elch?

5. Elchsafari

Immer wieder werden Elchsafaris angeboten, wo es angeblich Elche zu sehen gibt, aber erstens steht in der Beschreibung immer, dass es keine Garantie darauf gibt, dass es überhaupt Elche zu sehen gibt und zweitens: wer sagt Ihnen, dass nicht doch ein Zaun gespannt ist, den Sie selbst nicht gesehen haben. Sollten Sie während einer Elchsafari keinen Elch zu Gesicht bekommen haben, so werden Ihnen alle möglichen Ausreden aufgetischt, der wichtigste Punkt ist jedoch, dass keiner Ihnen verspricht, dass Sie einen Elch sehen werden. Es wird verdient mit der Hoffnung der Menschen auf ein kleines Abenteuer. Wenn jeder einen Elch sehen würde, wäre der Mythos dahin.

6. Elchfleisch/Elchjagd

Auch der Einwand, dass man Elchfleisch kaufen und essen kann, überzeugt mich nicht. Keiner kann bestimmen, von welchem Tier das Fleisch auf meinem Teller sein wird, es sei denn, das Tier würde vor meinen Augen geschlachtet werden. Dies wird jedoch nicht passieren und dazu müsste der Elch erst gefangen worden sein. Was ich aber damit sagen wollte: Woher wissen Sie, dass der Elch auf Ihrem Teller aus dem Wald kommt und nicht aus einer Zucht. Sie haben mal mit einem Elchjäger gesprochen? Super, sind Sie sicher, dass er nicht auch an der Lüge verdient. Elchfleisch ist teuer, weil sie so schwer zu jagen sind. Geweihe von Elchen kann man gut verkaufen.

Weiter geht das Geldverdienen damit, dass man Hunde angeblich zu Elchjagdhunden ausbildet. Nicht nur mit der Ausbildung an sich lässt sich gutes Geld verdienen auch mit den Hunden an sich.

7. Geweihe/Loppis

Nicht nur die angeblichen Jäger verdienen an den Geweihen, auch Betreiber von privaten Flohmärkten (schwedisch Loppis) profitieren von der Legende, ein Geweih auf einem Flohmarkt erwerben zu können. Ob der Gewinn nun darin besteht, dass mehr Touristen ihren Flohmarkt besuchen und dadurch Dinge kaufen oder darin, dass sie echte oder gefälschte Geweihe verkaufen. Wer kann schon als Laie beurteilen, ob ein Geweih ein echtes ist oder nur eine Kopie? Wer könnte eine Fälschung erkennen, wenn er nie ein echtes gesehen oder gar in der Hand gehabt hätte?

Hier liegt ein weiterer Geschäftszweig, der von dem Mythos profitiert: Fälscher von Geweihen. Stellen Sie sich vor, Sie hätten die Möglichkeit, ein Elchgeweih so zu produzieren, dass keiner die

Fälschung erkennt, weil keiner weiß, wie ein echtes aussieht. Hieraus ließe sich ein guter Profit erwirtschaften.

8. Tourismus

Ein großer Gewinner des Mythos ist die Tourismus-Branche. Für jedes Land, das angeblich Elche in freier Wildbahn beherbergt gibt es den Elch-Tourismus. Viele Menschen möchten einmal einen Elch in freier Wildbahn sehen. Also reisen die Menschen dorthin, wo sie glauben, die Möglichkeit zu haben. Da es lange dauern kann, bis man ein solches Tier sieht, verbringen sie viel Zeit in den jeweiligen Gebieten und geben dort ihr Geld aus. Sollte es bei einem Urlaub nicht gelingen, erhöht sich nur das Verlangen danach, Erfolg zu haben. Also wird ein weiterer Urlaub geplant und durchgeführt. Weitere Einnahmen für die Tourismusbranche.

9. „Ich habe einen Elch gesehen!"

Wie oft haben Sie schon von anderen Menschen gehört: „Ich habe einen Elch gesehen!"? Nun, ein Mythos lebt von derlei Geschichten. Wie der Yeti oder Nessi. Wie viele Menschen behaupten, dass sie eines davon gesehen haben? Beweise gab es nie bzw. wurden immer als Fälschungen entlarvt. Bisher ist nur noch keiner auf die Idee gekommen, dass es bei den Beweisen für freilaufender Elche um Fälschungen handeln könnte, also hat sich bisher keiner die Mühe gemacht, diese zu untersuchen. Warum auch? Es ist ja nicht so, dass man vermuten würde, es gäbe keine Elche. Schließlich behaupten viele Menschen, dass es sie gibt. Nicht nur in Schweden, sondern auch in anderen Ländern. Bisher gab es einfach keinen Zweifel daran, dass es diese Tiere gibt, sondern nur, dass sie schwer zu finden sind.

10. Die größte Lüge

Das Beste kommt bekannter maßen zum Schluss, daher nunmehr die größte Lüge der gesamten Elchverschwörung: Der Elch ist kein Tier!

Wäre nicht die größte Lüge, wenn der Elch gar kein natürliches Tier wäre? Wenn der Elch gar nicht nach der Evolution entstanden ist, sondern wenn ein genialer Forscher sich eines Tages diese umfassende Verschwörung ausgedacht hätte und das entsprechende Tier kreiert hätte? Denn sind wir doch mal ehrlich, wäre die Natur wirklich so blöd, ein derartiges Tier zu entwickeln. Ein massiver Körper mit massigem Geweih auf streichholzartigen Beinen? Noch dazu ein Geweih, dass immer nach vorne geöffnet ist und dem Elch eine Flucht immer erschweren würde?

11. abschließende Gedanken

Echt oder Fake?